DU PROGRÈS

AUX COLONIES,

(A PROPOS D'UN ARRÊT DE LA COUR DE LA GUADELOUPE QUI DÉCLARE NON OBLIGATOIRE , COMME CONTRAIRE AU DROIT DE PROPRIÉTÉ DES COLONS , L'ORDONNANCE DU 18 MAI 1846 CONCERNANT L'INSTRUCTION ÉLÉMENTAIRE DES ESCLAVES),

Par Ad. GATINE,

AVOCAT AU CONSEIL D'ÉTAT ET A LA COUR DE CASSATION.

PARIS.

CHEZ PHILIPPE CORDIER, ÉDITEUR,

RUE DU PONCEAU, 24.

—

FÉVRIER 1848.

TABLE.

DU PROGRÈS

AUX COLONIES.

Sous le titre de cet écrit pourrait se dérouler la question coloniale toute entière. J'en toucherai seulement quelques points liés particulièrement à la situation présente. (1)

L'abolition de l'esclavage est le point de départ de la réforme des Colonies, et c'est une cause depuis long-temps gagnée en principe. On n'a pas oublié les mémorables séances des 24 et 26 avril dernier, où la chambre élective agitée d'unanimes frémissements, au tableau des iniquités, des barbaries et des hontes de l'esclavage, manifesta si vivement les sympathies de la nation toute entière pour les malheureux noirs... La fibre française est là. Affaire de *sentiment*, si l'on veut, ou d'*entraînement*, comme on l'a dit, à propos de l'arrêt Virginie; ne repoussons pas ces nobles élans de la conscience publique.

Mais, en passant de la main des philanthropes et des législateurs dans celle des hommes d'état, le principe victorieux ne

---

(1) Voir le *post-scriptum.*

s'est-il pas affaissé?..... Le gouvernement veut l'émancipation, sans aucun doute ; mais il semble que pour lui ce n'est pas une affaire *pratique, opportune;* qu'au contraire , c'est une affaire *réservée;* et nous croirons volontiers qu'il ne lègue pas sans regret à l'avenir cette grande mesure qui seule suffirait à la gloire d'un ministre et d'un Roi !

En un mot, le gouvernement s'est arrêté , en 1845, au système de l'*émancipation progressive* , hésitant peut-être seulement devant la question d'argent que soulève l'indemnité.

Ne fait-on pas fausse route ? Tous les compromis avec l'esclavage ne sont-ils pas impuissants? Ce crime social peut-il être atténué? La condition des esclaves peut-elle s'*améliorer*, et comment relever ces déchus tant que la loi consacre le principe de la propriété-homme, avec toutes ses conséquences, le travail sans salaire, la privation d'instruction religieuse et élémentaire, la division des familles , la promiscuité, les châtiments inhumains et dégradants, conséquences que produit l'esclavage, par sa nature même, comme le sol produit l'herbe au printemps , en dépit de toute loi d'*amélioration* ou de *préparation?*... Enfin , ne devait-on pas rencontrer dans cette voie, des écueils imprévus, les maîtres eux-mêmes venant *brusquer l'émancipation,* par antipathie pour le régime transitoire, et laissant tout-à-coup le gouvernement bien loin derrière eux, embarrassé peut-être de l'élan de ces nouveaux soldats de l'abolition, tantôt plus ardents que les anciens?... (1)

Quoiqu'il en soit, car on n'entend pas critiquer ici l'option faite entre les deux modes d'émancipation, le gouvernement s'est mis à l'œuvre depuis plusieurs années. Les travaux de la commission présidée par M. le duc de Broglie furent précédés des ordonnances du 11 juin 1839 sur les *recensements* et les *affranchissements ,* puis de celle du 5 janvier 1840 sur *l'instruction religieuse et primaire,* et sur le *patronage.* Ils furent suivis des deux lois des 18 et 19 juillet 1845, et des ordonnances rendues en exécution de ces lois, qui composent l'organisation

---

(1) Récentes manifestations des Conseils coloniaux et des communes à la Guadeloupe et à la Guyane.

à peu près complète aujourd'hui , d'un régime intermédiaire entre l'esclavage antérieur et la liberté plus ou moins prochaine.

Les planteurs crièrent d'abord, comme toujours, en pareil cas, les colonies sont perdues! Mais ils parurent entrer bientôt dans les vues du gouvernement. La législation nouvelle *fut acceptée,* car les Conseils coloniaux concoururent à son exécution par le vote des décrets nécessaires : et tout récemment, une brochure qui peut être considérée comme le mot d'ordre du Conseil colonial de la Martinique, recommande cette acceptation des lois des **18** et **19** juillet, *sous le bénéfice de l'ajournement qui en résulte* (1).

Entre le gouvernement et les colons, il a donc été entendu que les esclaves seraient moralisés, instruits, rendus aptes à la liberté et à la vie civile ; qu'on en ferait des hommes, avant d'en faire des libres ; qu'ils n'échangeraient pas *les misères de la servitude contre celles du prolétariat ;* qu'enfin si l'heure de la délivrance était ajournée, il leur en serait tenu compte *en améliorations de leur condition.*—Tel est le *contrat* intervenu, sans que d'ailleurs ce mot implique pour la métropole, aucune aliénation *du droit ,* aucun relâchement *du devoir* d'abolir l'esclavage dans ses colonies.

De ce jour, les parties ont pris à la face de l'humanité toute entière, un engagement solennel qui se traduit par le mot Progrès. De ce jour , le progrès est une dette sacrée envers les noirs, envers la France qui veut leur émancipation *immédiate,* et doit exiger qu'au moins l'émancipation *progressive* ne soit pas enrayée. C'est enfin une obligation d'honneur et un intérêt pressant pour les colons eux-mêmes.

Le gouvernement n'a pas failli à son programme, il faut le reconnaître ; car il fait exécuter, autant que possible , les lois des **18** et **19** juillet , et les ordonnances intervenues à la suite,

---

(1) Nous croyons traduire exactement ainsi la pensée de l'auteur. *Politique de la France et des Colonies sur l'émancipation des noirs ;* par M. Jollivet, délégué de la Martinique.

et il vient de modifier, dans le même but, la composition des cours et tribunaux.

Mais les colons ?..... Se montrent-ils amis sincères du progrès ? Loin de là, on pourrait croire que les ardeurs rétrogrades les plus inconcevables font explosion, comme aux plus mauvais jours.

A la Guadeloupe, la Cour d'appel vient de décharger les maîtres de l'obligation de procurer aux enfants esclaves l'*instruction élémentaire*, obligation qui résulte de l'ordonnance du 18 mai 1846, et d'un arrêté local rendu en exécution de cette ordonnance. Ces actes du gouvernement sont déclarés attentatoires au droit de propriété des colons. On pourrait douter de l'existence d'un pareil arrêt ; nous devons le rapporter textuellement, d'après l'*Avenir de la Pointe-à-Pitre*.

« La Cour royale, dit ce journal, (1) a rendu son arrêt, dans l'affaire de M. Bovis, *nous nous empressons d'en publier le texte.* »

« En ce qui touche l'infraction à l'article 5 de l'ordonnance du roi du 18 mai 1846 sur l'instruction élémentaire, et à l'article 2 de l'arrêté local du 2 octobre de la même année sur le même objet.

« Vu l'article 3 de la loi du 24 avril 1833 qui autorise le gouvernement du roi à statuer par ordonnance, les conseils coloniaux ou leurs délégués préalablement entendus, sur les améliorations à introduire dans la condition des personnes non libres *qui seraient compatibles avec les droits acquis :*

« Attendu que s'il faut reconnaître que la loi du 18 juillet 1845 a profondément modifié l'esclavage, il n'est pas moins évident qu'elle a reconnu et qu'elle a laissé au maître la jouissance absolue du travail de ses esclaves pendant neuf heures et demie par jour en temps ordinaire, et onze heures et demie pendant la récolte, et qu'en dispensant les enfants du travail extraordinaire elle a maintenu et rendu obligatoire pour eux le travail ordinaire de neuf heures et demie par jour.

« Attendu que ce travail obligatoire, maintenu par la loi au profit du maître, est un droit de propriété d'autant plus légitime, d'autant plus sacré, qu'il entraîne de la part du maître des obligations en quelque sorte corrélatives qui sont : la charge du logement, de l'entretien, du vêtement, de la nourriture de ses esclaves, tant en santé qu'en maladie, et la concession d'un champ pour leurs cultures, indépendamment du pécule et du rachat institués à leur profit.

« *Attendu que les jeunes esclaves de 8 à 14 ans forment une des parties importantes des habitations coloniales ;* que constitués par petits ateliers, ils ont

---

(1) Numéro du 30 octobre 1847.

été de tous les temps, selon leur âge et leur force, employés au sarclage des plantations, au transport des engrais, des fourrages et des pailles, à la garde et à la conduite des bestiaux ; que s'ils sont momentanément distraits de leur ouvrage, il faut qu'à l'instant ils soient remplacés, car autrement l'ordre et la régularité du travail recevraient de profondes atteintes.

« Attendu que les colonies sont régies par des lois, c'est-à-dire que tout ce qui touche à la propriété, à l'état des personnes, aux peines à établir, aux obligations qu'il convient d'imposer aux citoyens, est du domaine de la loi.

« Attendu que dans l'espèce, il était bien du domaine de l'ordonnance de statuer sur l'instruction (paragraphe 3 de l'article 3 de la loi du 24 avril 1833), sur l'instruction religieuse et élémentaire des esclaves (paragraphe 3 de l'art. 1er de la loi du 18 juillet 1845) ; d'ordonner que les jeunes esclaves seront *admis* dans les écoles gratuites qui seront établies dans la colonie (art. 3 de l'ordonnance du 5 janvier 1840) ; de statuer enfin sur cet important objet considéré comme une amélioration à introduire dans la condition des esclaves, *mais en tant que les dispositions à prendre pouvaient être compatibles avec les droits acquis* (paragraphe 6 de l'art. 3 de la loi du 24 avril 1833).

« Attendu que la loi du 18 juillet 1845 na pas pu, dans l'article 3, proclamer et reconnaître un droit de propriété, et permettre en même temps qu'il y fût porté atteinte, retirer d'une main ce qu'elle venait de donner de l'autre ; que ce qu'elle a voulu, tant pour l'instruction religieuse que pour l'instruction élémentaire, c'est que des chapelles et des maisons d'institution fussent fondées ; *que l'instruction religieuse fût obligatoire,* c'est-à-dire qu'il fût imposé aux maîtres de ne point empêcher leurs esclaves de la recevoir, sous les peines prévues par l'art. 6 ; *que l'instruction élémentaire fût facultative de la part des maîtres,* du moins jusqu'à ce que le gouvernement eût fait réduire par un décret du conseil colonial le temps du travail obligatoire, suivant l'âge et le sexe des esclaves, ainsi qu'il est disposé au paragraphe 2 de l'article 3 de ladite loi de 1845, en vue, s'il y avait lieu, du bienfait de l'instruction élémentaire, ce qui eût été alors définitivement réglé et rendu obligatoire sous la forme du décret, et avec une sanction spéciale, sans porter la moindre atteinte à la propriété.

« Qu'il est, en effet, remarquable que, tandis que le législateur de 1845 punit sévèrement les infractions sur l'instruction religieuse, il s'abstient d'édicter une peine spéciale relativement à l'instruction élémentaire :

« Qu'il faut encore sérieusement considérer que l'ordonnance du roi du 18 mai 1846, dans les articles 2 et 3, s'abstient pour l'instruction religieuse, de toucher au temps du travail que la loi a reconnu appartenir au maître, à moins que ce ne soit de concert avec lui.

« Attendu que les chambres législatives du royaume n'ont pu, et n'ont pas en effet délégué à l'ordonnance le droit de disposer d'une manière quelconque de la propriété des colons, d'une propriété qu'elles venaient de reconnaître et de consacrer ; qu'en admettant que l'ordonnance du 18 mai 1846 ait pu déléguer le droit du souverain, ce droit, pour devenir obligatoire, ne devait disposer que dans le cercle des attributions du pouvoir déléguant.

« Vu l'arrêté local du 2 octobre 1846, portant : « Art. 2. Les enfants esclaves, de 8 à 14 ans, appartenant à des propriétaires dont la résidence se trouve dans les conditions déterminées par l'ordonnance du 18 mai, devront, suivant leur sexe, assister tous les jours de la semaine, le jeudi excepté, à la classe du matin d'une desdites écoles, savoir : les enfants de 8 à 12 ans, de 7 à dix heures; ceux de 12 à 14 ans, seulement de 7 à 8 heures 1/2. »

« Attendu qu'il résulterait de l'exécution de ces dispositions que le maître serait journellement privé de près de la moitié du travail des enfants reconnu obligatoire et entièrement à son profit par la loi du 18 juillet 1845 ; qu'il pourrait même arriver, à l'égard des enfants de 8 à 14 ans, que les charges imposées par la loi au maître deviendraient beaucoup plus lourdes pour lui que le profit; *que ce serait là évidemment une expropriation sans compensation, sans indemnité.*

« Par ces motifs, la cour déclare incompétemment rendu l'arrêté local du 2 octobre 1846, et faisant droit aux moyens indiqués par M. de Bovis et par Mᶜ Lignières, avocat, son défenseur ; — Dit et juge que M. de Bovis poursuivi pour infraction à l'art. 2 dudit arrêté, n'a encouru aucune peine ; le renvoie également de la prévention à cet égard. »

Jamais, certes, la propriété-homme n'a paru plus sûre de son fait et ne s'est symbolisée dans des formules plus tranchées.

Les noirs somt notre bien, notre *chose.* Leurs enfants nous appartiennent au même titre que le croît des troupeaux. Ce droit de propriété les saisit à la naissance, et ne les lâche qu'à la mort. Nous avons sur ces existences condamnées au travail sans salaire, non pas la dîme à percevoir, non pas seulement la part du lion à prendre, mais toute heure et chaque instant du jour à exploiter! L'instruction? Vraiment oui, que nous importe! ou, pour parler plus franchement, n'est-ce pas un actif dissolvant? et ne devons-nous pas, dans notre intérêt de propriétaires, préférer l'abrutissement?... Vous ne pouvez peupler les écoles aux dépens des ateliers ; ce serait nous prendre, sans indemnité, le travail des enfants, *ces parties importantes des habitations coloniales!* Les lois votées par les chambres consacrent notre propriété; comment, vous gouvernement, pourriez-vous la méconnaître?...

Voilà, en peu de lignes, ce que la cour royale de la Guadeloupe expose plus longuement dans ses remontrances qui ont au moins le mérite de la netteté.

Ainsi, cette monstrueuse possession de l'homme noir par l'homme blanc, que l'on se flatte d'avoir entamée à l'aide de quelques demi-mesures, elle se redresse comme le reptile blessé, plus audacieuse et plus ferme dans ses principes qu'elle ne le fut jamais. De ses noirs, elle veut tout posséder, tout, entendez-le bien, le corps et l'âme : les bras pour qu'il fassent du sucre, l'intelligence pour qu'elle dorme dans un systématique abrutissement. Et c'est *dans la plus éclairée de nos colonies,* dont le conseil entrait naguère franchement sans doute dans la voie du progrès, c'est là que les plus osés sophismes des possesseurs d'hommes, se traduisent en un défi, en un échec immense pour le gouvernement ! Faites donc, avec cela, de l'émancipation *progressive !* Instruisez les noirs *avec le concours des maîtres !* Initiez-les enfin à la liberté, en passant par les épreuves *d'une sage transition !*

Nous croyons savoir de bonne part qu'à la Guadeloupe il y avait environ 400 enfants noirs esclaves, envoyés aux écoles par des maîtres qui se soumettaient aux ordonnances, et que ce nombre paraissait devoir être doublé incessamment, grâce à la sollicitude active et conciliante de M. le procureur général. Mais voici venir M. de Bovis qui ne se croit pas *tenu,* et qui refuse *quand même !* de laisser instruire ses petits noirs.

Il y a des noms qui résument puissamment toute une situation, tout un parti, tout un système; et quoique nous soyons très-éloignés des personnalités, surtout dans ce débat de l'abolition où nos contradicteurs des colonies sont les premières victimes de l'infâme institution qui fascine leur raison et fait taire leur cœur, M. de Bovis nous permettra cependant de reproduire ici quelques souvenirs de sa vie publique.

Membre du Conseil colonial de la Guadeloupe, M. de Bovis a contribué avec ardeur, dans la discussion du décret sur le travail des esclaves, au rejet d'une disposition proposée par le gouvernement et ainsi conçue : « *Le petit atelier sera disponible avant tout pour les devoirs de l'instruction religieuse et élémentaire,* en exécution de l'ordonnance royale du 18 mai 1846. » (1)

Voici quels étaient les motifs de l'opposition de M. de Bovis :

---

(1) Compte rendu au roi de l'exécution des lois des 18 et 19 juillet 1845 par le ministre de la marine, 1847. Page 204.

« La loi du 18 juillet, dit-il, a consacré l'obligation de l'instruction religieuse et élémentaire; mais la même loi, dans un article postérieur, a stipulé avec soin et précision la durée du travail dû par l'esclave à son maître. L'esclave doit à son maître dix heures de travail par jour... En combinant ces deux articles, on arrive nécessairement à comprendre que la loi a voulu imposer au maître l'obligation de faire instruire les esclaves, mais qu'elle lui réserve le droit de n'employer à cette instruction que *le temps réservé à l'esclave*. Si l'ordonnance en dispose autrement, c'est qu'elle a méconnu la volonté du législateur; et si, à son tour, l'arrêté local exagère les dispositions de l'ordonnance, c'est qu'elle a faussé la loi. Pour ma part, je reconnais le droit du gouvernement *en ce qui concerne l'instruction religieuse*, parce qu'en remontant à l'origine de l'esclavage, je reconnais que l'obligation de l'instruction religieuse a été la condition essentielle de notre droit de propriété, *et que nous ne possédons des esclaves qu'à la condition d'en faire des chrétiens*; mais il n'en est pas de même de l'INSTRUCTION ÉLÉMENTAIRE. Là, messieurs, IL Y A UNE QUESTION DE PROPRIÉTÉ, et vous protesterez aujourd'hui comme vous l'avez déjà fait dans l'adresse de votre dernière session, contre les empiétements de l'ordonnance du 18 mai et de l'arrêté local. »

Bien plus, dans cette discussion, l'administration *se vit menacée d'une action en dommages-intérêts*, pour sa prétention d'obliger les maîtres à procurer l'instruction élémentaire aux enfants esclaves, *sans indemnité!*

Or, c'est ce même M. de Bovis qui, joignant l'exemple au précepte, a refusé nettement d'envoyer à l'école le moindre négrillon, soutenant, devant la Cour d'appel comme au Conseil colonial, que l'ordonnance est parfaitement illégale, que l'arrêté du gouverneur rendu en exécution de cette ordonnance ne vaut pas mieux, qu'aucun *propriétaire* n'est obligé par ces actes *inconstitutionnels*, et qu'aucune peine enfin ne peut atteindre sa contravention!

Il est assez clair que la Cour d'appel ayant couronné ce sys-

tème d'un plein succès publié *avec empressement* par les journaux de la colonie, il est clair que tous les propriétaires plus
timorés que M. de Bovis, ou moins forts sur le droit public,
qui laissaient faire l'instituteur, sont maintenant déchargés
de leurs scrupules, et peuvent, à l'exemple de M. de
Bovis, se dispenser d'obéir aux ordonnances royales, ou
aux arrêtés des gouverneurs. Qu'est-ce donc que cette parole
ou cette illusion du gouvernement : les esclaves seront instruits et moralisés avant l'émancipation ? — Oui, s'il plaît aux
maîtres dont le droit et la puissance sont apparemment supé-
rieurs à la volonté nationale, et aux pouvoirs légaux ! Qu'est-ce
aussi que ce compromis ainsi formulé par M. de Bovis lui-
même dans une lettre *sur l'engagement au sol,* adressée à
M. Schœlcher et publié par celui-ci ? (1) : « *Je reconnais le
nègre perfectible.....* Je ne voudrais pas faire de l'esclavage un
mot éternel, un état impérissable, *j'en voudrais faire une com-
binaison progressive,* comme toute autre.... Mais, me dites-
vous, on ne peu pas préparer la liberté dans l'esclavage ! Et,
qu'en savez-vous, monsieur, puisque rien n'a été fait à cet
égard ? Vous dites non, je dis oui : la question est au moins
indécise. Mais elle ne peut l'être pour des personnes qui ju-
gent impartialement... *L'esclavage,* Monsieur, *est un sillon
plus fertile que vous ne croyez ;* et vous ne le croyez tel, que
parce que vous ne le connaissez pas. Jusqu'à présent il n'a rien
produit, parce qu'on ne lui a rien demandé ; *mais semez-y
l'émancipation future ; donnez à nos mains expérimentées de l'y
cultiver,* et laissez le temps à la germination ; la récolte
viendra..... » — Hélas, hélas ! les semailles ont été faites *dans le
fertile sillon de M. de Bovis,* par la loi de juillet. Mais la récolte
serait-elle venue ? Il est permis d'en douter, à voir faire *ces
ouvriers expérimentés de l'émancipation future.*

Au fond de cette étrange affaire, est-il d'ailleurs quelque
question légale qui puisse embarrasser les juristes ? — Non ;
rien n'est plus simple. La loi du 18 juillet 1845, émanée des

---

(1) Des *Colonies françaises. — Abolition immédiate de l'esclavage,* par V.
Schœlcher ; page 349.

trois pouvoirs, dispose expressément : ART. 1er il sera statué par ordonnance du roi : 1º... 2º... 3º sur *l'instruction religieuse et élémentaire des jeunes esclaves*. Cela ne veut pas dire seulement que le gouvernement aura le droit de faire des ordonnances sur la matière. Cela veut dire , avant tout, *que les jeunes esclaves jouiront du double bienfait de l'instruction religieuse et élémentaire* , car il ne faut pas oublier que la loi du 18 juillet votée par des Chambres françaises , sous la pression de l'opinion publique réclamant la réforme coloniale , stipule hautement pour l'esclave contre le maître , pour les droits de la race noire contre le fait de la servitude , pour l'avenir des colonies contre le vieux système colonial. C'est en diminuant le droit des *propriétaires* , que la loi *améliore la condition* des esclaves. Le respect dû en général au droit de propriété n'a pas fait obstacle à cette œuvre humanitaire et civilisatrice. Et c'est avec raison, car il n'y a pas chez nous de propriété absolue ; il n'en est aucune dont la loi ou les réglements ne modifient l'exercice, dans l'intérêt public ; et sans doute, on ne prétendra pas que la *propriété-homme* ,la plus exceptionnelle de toutes , soit la seule qu'aucune restriction ne doive atteindre ! On ne peut donc sérieusement soutenir qu'après cette première disposition de l'article 1er par laquelle il est pourvu à la régénération morale et intellectuelle de l'esclave, l'article 3 réserverait au maître toutes les heures utiles pour le travail, de l'un à l'autre soleil. A ce point de vue des colons, l'art 3 anéantirait l'art. 1er. Du reste, si la loi détermine la durée du travail, c'est comme maximum , dans l'intérêt de l'esclave, plus que dans l'intérêt du maître ; et c'est d'une manière générale, sans distinction entre le grand et le petit atelier, c'est-à-dire entre les esclaves à l'égard desquels l'instruction élémentaire n'est pas obligatoire, et ceux que leurs maîtres sont tenus d'envoyer aux écoles. L'exception à faire pour ces derniers a été légalement introduite par l'ordonnance qui devait, conformément à la loi elle-même, statuer sur l'instruction religieuse ou élémentaire ; et à son tour, l'arrêté du gouverneur a pu, sans aucun doute, par mesure purement réglementaire, *fixer les jours et heures d'école*, selon le sexe ou l'âge des enfants.

Ces actes du gouvernement ont payé aux jeunes esclaves la dette des maîtres, la nôtre même, celle de la société toute entière. Comment donc et par quel retour sauvage, vient-on aujourd'hui subordonner les obligations légales et morales du maître, à ses intérêts matériels, à son droit de propriété! Ce droit que les colons appellent volontiers *sacré*, l'est-il plus que les devoirs imposés par la loi, par l'humanité, par la religion même aux possesseurs d'esclaves?

L'instruction élémentaire serait *une amélioration incompatible avec les droits acquis!...* En vérité! Des droits acquis contre le devoir! un droit acquis à l'abrutissement de ceux que vous aviez promis vous-mêmes de conduire à la liberté par des voies de régénération progressive!... Est-ce qu'on touche en définitive à votre propriété? L'esclave qu'on veut instruire et moraliser cesse-t-il d'être votre esclave? Non sans doute. Où donc est la spoliation? Où donc est le préjudice aux droits acquis?

Au moment où la Guadeloupe, impatiente du régime transitoire, se plaçait elle-même à l'avant-garde des abolitionistes, sous le patronage de M. le duc de Broglie, on aurait dû oublier moins ce passage de son rapport : «L'obligation de conduire les noirs de tout âge et de tout sexe aux écoles doit être imposée aussi rigousement que l'obligation de les conduire à l'église ou au cathéchisme. Il appartient au gouvernement de concert avec les corporations chargées de l'instruction publique, de déterminer les jours et les heures des leçons, la nature et l'étendue de l'enseignement, selon l'âge et le sexe, selon les exigences du travail rural, la proximité des habitations, les diverses circonstances locales. Mais une fois établi, il faut que le réglement soit exécuté fidèlement, avec suite, *et sous la garantie de peines réelles, réellement appliquées*, s'il en est besoin. L'enseignement scolaire doit faire partie dans les Colonies, de la discipline des ateliers, comme il fait partie dans l'armée de la discipline des régiments; et les propriétaires d'usines à sucre, à la Martinique, ou à la Guadeloupe, ne sauraient trouver mauvais de se voir astreints envers leurs ouvriers, aux devoirs qu'impose en France aux propriétaires d'usines de toute espèce, la dernière loi rendue sur l'emploi des enfants dans les manufactures. » (1)

La Cour suprême est saisie d'un pourvoi contre l'arrêt de la Cour d'appel de la Guadeloupe, et selon toute apparence, elle en fera bonne justice. (2)

Mais n'est-il pas un remède plus efficace à une pareille situation?... Oui, et la situation même l'indique ; Il est dans une mesure depuis long-temps méditée et promise, *dans l'émancipation des enfants*, plus nécessaire et plus urgente que jamais, puisqu'on prétend retenir leur âme avec leurs corps dans les liens de la servitude.

Cette émancipation doit d'ailleurs venir en aide au rachat forcé qui ne peut à lui seul, ni faire, ni même seulement hâter ou faciliter la libération générale des 250,000 esclaves de nos colonies. C'est un point reconnu et démontré par l'expérience, dans les îles Espagnoles où le rachat fontionnne depuis 150 ans, vain exutoire à l'affreuse plaie toujours vivace de l'esclavage.

Le progrès, le progrès! Ce n'est pas seulement un mot qui résume à lui seul, les tendances, les efforts et l'histoire de l'humanité tout entière, ce qu'il y a de plus grand et de plus grand et de plus généreux dans la politique des peuples initiateurs ; le progrès, c'est ici particulièrement, la loi la situation ; c'est un grand devoir national ; c'est un immense besoin dans la question coloniale. Il faut l'y introniser, actif, énergique, puissant, vainqueur de toutes les hésitations!

Décuplez, centuplez l'action du rachat forcé par de larges' allocations au budget ; la France ne comptera pas les millions ainsi employés. Élevez en même temps à sa plus haute puissance le principe libérateur de l'indivisibilité de la famille, en aplanissant les obstacles que rencontrent les libertés de l'art. 47, dans les lois de procédure, et dans les exigences fis-

---

(1) Rapport de la commission présidée par M. le duc de Broglie, page 219.

(2) Nous avons emprunté à M. le procureur général de la Guadeloupe, quelques-unes des considérations qu'il a présentées lui même avec chaleur et talent, à l'appui de son pourvoi, dans cette affaire jugée contre ses conclusions.

cales. Ouvrez large et facile aussi la brèche nouvelle par où doivent passer les noirs *de traite*, propriété de contrebande celle-là, et qui ne peut se dire couverte par les encouragements ou la tolérance de la métropole, puisqu'elle est contraire aux lois nationales, au droit public européen ! (1) Ne doit-on pas tout appui, toute faveur, à ces hommes qui pouvant se réfugier dans leur liberté naturelle, par la fuite, comme l'oiseau, ou recourir à la force contre l'abus de la force qui les réduisit en esclavage, n'ont recours pourtant qu'aux *voies de droit*, et ne désespèrent pas de la justice rendue au nom d'une grande et généreuse et libérale nation !

Déblayez, déblayez ainsi, et sans retard, et largement, le terrain de l'esclavage, pour rendre pratique et facile à résoudre la question de l'indemnité, quand viendra, demain peut-être, l'émancipation générale.

Puis, pour tant d'infortunés que l'émancipation progressive, maintient dans l'esclavage, et qui devront attendre jusqu'au dernier jour la liberté boiteuse issue des lois préparatoires, pour eux rendez les sévices plus rares, par une répression plus efficace... Abolissez le *fouet*...., l'infâme supplice quelquefois homicide, toujours inhumain et démoralisateur ! Le fouet, naguère conséquence logique du principe de l'esclavage, odieux contre-sens aujourd'hui avec la loi du 18 juillet qui reconnaît dans l'esclave au lieu d'une *chose* ou d'une *brute,* un homme, *une personne non libre!* Abolissez le fouet..... et surtout, ne permettez pas qu'on y substitue la *rigoise,* comme il est arrivé plus d'une fois, et par exemple sur l'habitation de Bovis, puisque le ministère public reprochait à ce propriétaire non-seulement son insurrection contre l'instruction élémentaire, mais aussi un châtiment de six à neuf coups de rigoise appliqués,

---

(1) Un jugement du Tribunal de 1re instance de Saint-Pierre, Martinique, en date du 23 novembre 1847, vient de résoudre la question des noirs de traite, en faveur de la liberté. Cet admirable jugement dû à l'indépendance, à la haute raison et aux lumières de M. le juge royal Meynier, est un nouveau titre de gloire pour ce magistrat, qui depuis si longtemps a si bien mérité de son pays et de l'humanité toute entière.

dans l'hôpital, à l'un de ses esclaves malade depuis long-
temps. Connaît-on bien en France ces redoutables instruments
de supplice?... Laissons parler M. le procureur général de la
Guadeloupe : « La *rigoise*, dit-il, est une espèce de grosse et
longue cravache formée de tendons de bœuf enroulés ou tor-
dus ensemble. Arme terrible entre les mains d'un commandeur exercé, le *fouet* de corde, tel qu'il est consacré par l'u-
sage, peut faire d'horribles blessures; *il coupe jusqu'à l'os.*
Vigoureusement maniée, la rigoise en nerf de bœuf *brise-
rait un membre.* Entre eux, sous ce rapport, il y a peu de dif-
férence. Mais le fouet d'habitation est volumineux, la corde a
3 mètres, le manche, 0ᵐ.60, il est visible, il n'a qu'une seule
destination; c'est un instrument de supplice. La rigoise, au
contraire, peut être toujours à la main du commandeur
ou du maître. Il est facile de la cacher ou d'excuser sa pré-
sence. C'est un instrument usuel; on la porte sur le lieu du
travail... » — Eh bien, il faut déposséder le planteur de ce
sceptre, *fouet* ou *rigoise*, qui le déshonore, et qui torture le
travailleur noir. Ce sang qui coule, ces chairs qui volent en
lambeaux, ces barbaries aussi dégradantes pour les bourreaux
que pour les victimes, tout cela toléré encore sur des terres
françaises; ah, c'en est plus que ne peut supporter l'indigna-
tion de la France! Justice est faite aujourd'hui de ce pré-
jugé que le fouet serait un des termes de la question du
travail. Justice soit donc faite du fouet, à son tour. (1)

Pour briser les obstacles au progrès, décrétez *la loi d'expro-*

---

(1) Le fouet ne peut plus être infligé aux femmes ni aux enfants. On n'en ob-
tient pas moins d'eux tout le travail qu'ils doivent aux maîtres.

A Saint-Martin, des expériences remarquables ont été faites par M. Perrinon,
chef de bataillon de l'artillerie de marine, concessionnaire des salines de cette
île. Avec de bons traitements et d'équitables salaires, sans fouet ni rigoise, il a
fait exécuter des travaux considérables et très-pénibles, par des esclaves appartenant aux habitations voisines. Il a même obtenu le travail en commun par des
libres et par des esclaves, ce qui semblait plus difficile. Il faut lire les détails
pleins d'intérêt publiés à ce sujet dans les *Annales maritimes et coloniales.*
1847. On ne pouvait faire une meilleure réponse aux détracteurs des noirs.
C'est un signalé service rendu à leur cause par un de leurs frères de race, par
un de leurs amis les plus chauds et les plus éclairés.

priation depuis si long-temps ajournée, qui doit purger la prospriété légitime, celle du sol, et rétablir le crédit, et vaincre les résistances aveugles, en faisant cesser le mensonge de la représentation locale.

Enfin , pour la discussion de tous ces graves intérêts , introduisez aux Colonies *la presse libre.*

Quoi? les Colonies traversent laborieusement une crise périlleuse , mais salutaire, une régénération profonde , radicale : il faut y reconstituer l'ordre social, la propriété, le travail , le pacte commercial de la métropole avec ses provinces d'outremer. Là , il faut créer l'esprit public, faire place aux hommes nouveaux , dans les conseils électifs, dans les fonctions publiques , dans les offices ministériels rendus vénaux , comme en France , pour être accessibles à tous. Et là , pas de presse locale ! pas de libre discussion ! Comment donc la lumière se fera-t-elle dans ce cahos en ébullition ? D'où viendra-t-elle pour nos législateurs et nos hommes d'état, si ce n'est des Colonies elles-mêmes ? Les îles ne doivent pas être plus long-temps des terres cloîtrées, pour ainsi dire , que ne puisse atteindre le rayonnement de l'idée française, où ne puisse pénétrer la vie publique. Sait-on bien que naguère le gouverneur de la Martinique a pu faire saisir *comme écrits dangereux* , des lettres apostoliques du Saint-Siége , et les discours d'un pair de France ! (1) Sait-on comment l'administration coloniale use de ses pouvoirs exorbitants à l'égard des journaux ? Voici les avis charitables qui leur sont adressés et que la *Presse* publiait naguère à Paris :

« Monsieur, dans son numéro du 19 de ce mois, le journal l'*Avenir* a reproduit, avec commentaires, le discours que M. le gouverneur a prononcé à l'ouverture du conseil colonial.

» *Tout en reconnaissant que ces commentaires n'ont rien de répréhensible,* le tort est le même de la part de l'éditeur. Il s'est écarté en cela des recommandations qui lui ont été faites de s'abstenir, lorsqu'il publie les actes de l'administration, de toute réflexion, de tout commentaire.

---

(1) On doit à la fermeté et au dévoûment de M. Agnès, honorable négociant de Saint-Pierre, les décisions administratives et l'arrêt de la Cour de Cassation, qui ont fait justice de ces saisies, désavouées du reste par la direction des Colonies.

» L'attitude que prend, depuis quelque temps, l'éditeur de l'*Avenir*, dans la rédaction de son journal, a appelé l'attention toute particulière de M. le gouverneur.

» Je viens vous inviter, monsieur, à appeler près de vous M. l'éditeur de l'*Avenir*, et à lui faire connaître *qu'au premier écart de sa part*, la censure de son journal s'exercera à la Basse-Terre. Il est bon qu'il sache que cet avertissement est le dernier qu'il recevra de l'administration.

Si la censure s'exerçait à la Basse-Terre , la publicité serait impossible à la Pointe-à-Pitre ; car il faut deux jours pour aller et venir d'une de ces deux villes à l'autre, et il n'existe aucun service régulier entre elles. C'était donc menacer le journal *d'une suppression* de fait. On voulut bien le laisser vivre, mais en lui interdisant tout compte rendu des travaux du conseil colonial :

» Monsieur, par ma lettre du 15 courant, je vous ai fait connaître à quelles conditions les comptes-rendus du Conseil colonial pouvaient être inserés dans le journal l'*Avenir*. Mais la tolérance a donné lieu, de la part de M. le Président du Conseil colonial, dans la séance du 19, à une allocution d'après laquelle il devra être interdit à l'éditeur de l'*Avenir de reproduire aucun compte-rendu, et d'entretenir, sous quelque forme que ce soit , le public, des travaux du Conseil.* Cette recommandation devra avoir son effet à partir du 24 inclusivement.

Telle est la somme de liberté dont jouit la presse périodique aux Colonies !

Cependant, si les Colonies sont régies par des lois particulières, elles ne sont pas pour cela en dehors du droit public de la France. La censure n'y peut exister par conséquent, et la presse doit y être libre, comme dans la métropole, sous la seule garantie des lois répressives de ses abus.

A ces seules conditions de réaliser chaque jour un progrès , les promesses faites aux colonies seront une vérité. A ces seules conditions , la loi du 18 juillet, accusée d'être une halte dans le mouvement émancipateur, gardera son caractère de loi *préparatoire* et *transitoire*; et s'il nous faut subir encore des retards, cette loi, du moins, ne fera pas complète faillite aux 250,000 esclaves de nos Colonies, aux sympathies nationales, à l'honneur du pays, aux intérêts engagés dans le débat de l'abolition.

Enfin ne s'agit-il que d'*améliorer* ce qui est? améliorez-donc, et toujours, et sans cesse ! A cette tâche d'hercule, l'*amendement de l'esclavage, au lieu de l'abolition*, il faut tout au moins cette activité et cette persistance qui croient n'avoir rien fait, s'il reste quelque chose à faire.

P. S. 28 Février. —

Une grande et glorieuse révolution vient de s'accomplir. Bientôt nos Colonies auront salué, avec leur métropole, le réveil soudain de la République Française... Cet écrit était sous presse; c'était notre programme pour la session législative de 1848, afin que les malheureux esclaves n'y fussent pas oubliés; c'était une timide supplique à nos seigneurs du parlement... Au lendemain de la victoire du peuple, ce n'est plus que de l'histoire. L'émancipation immédiate et simultanée ne peut manquer d'être proclamée sans plus de retards, sans plus de préparation... On préparait depuis 18 ans ! On préparait toujours !... Ce que tant de ministres et de législateurs nous ont promis, la république seule nous l'aura donné. C'est le couronnement providentiel des longs efforts de quelques hommes trop récompensés aujourd'hui, puisqu'il leur était réservé de briser eux-mêmes les fers de leurs frères noirs.

Paris.— Imprimerie de Ph. CORDIER, rue du Ponceau, 24.

Imprimerie de Ph. Cordier, rue du Ponceau, 24.

9 782013 488020